1 Avril 1884

Vente après décès de LOUIS LELOIR

RÉSUMÉ DU CATALOGUE

DES

ARMES, INSTRUMENTS DE MUSIQUE

LIVRES

COSTUMES, ÉTOFFES, BRONZES ET MEUBLES

DONT LA VENTE AURA LIEU

HOTEL DROUOT, SALLES Nos 1 ET 6

Les Mardi 1er, Mercredi 2 et Jeudi 3 Avril 1884

A DEUX HEURES

COMMISSAIRE-PRISEUR

Me LÉON TUAL, 39, rue de la Victoire.

EXPERTS

M. CHARLES MANNHEIM, 7, rue Saint-Georges.

M. MARTIN, libraire, 18, rue Séguier.

EXPOSITION PUBLIQUE, SALLE N° 1 : Le Lundi 31 Mars 1884

DE UNE HEURE A CINQ HEURES

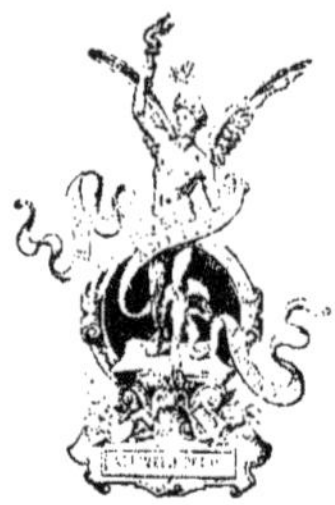

DÉSIGNATION DES OBJETS

ARMES

1 — Épée allemande (xve siècle).
2 — Grande dague ou dagasse (xvie siècle).
3 — Courte épée (xvie siècle).
4 — Plaute, forte épée allemande (xvie siècle).
5 — Forte épée allemande (xvie siècle).
6 — Forte épée de fantassin allemand (xvie siècle).
7 — Schiavonèse, petite épée de soldat de la garde esclavonne (Venise, xviie siècle).
8 — Épée de côté (xviie siècle).
9 — Petite épée (xviie siècle).
10 — Très jolie épée militaire (xviie siècle).
11 — Petite épée du temps des Valois.
12 — Jolie petite épée espagnole (xviiie siècle).
13 — Sabre wallon.
14 — Épée espagnole (xviiie siècle).
15 — Épée à l'espagnole (xviiie siècle).
16 — Épée des gardes écossaises.
17 — Petite dague à la suisse (xvie siècle).
18 — Coutelas allemand (xviiie siècle).
19 — Joli petit couteau de chasse (xviiie siècle).
20 — Cuchillo aragonais.

21 — Gaine de Weydmesser ou trousse allemande de vénerie (XVIIe siècle).

22 — Autre gaine de large coutelas allemand (XVIIe siècle).

23 — Copie sur taffetas jaune pâle d'un vieil étendard allemand.

24 — Porte-étendard garni de sa courroie de cuir rougeâtre (XVIe siècle).

25 — Kunda, sabre indien.

26 — Épieu de chasse (XVIe siècle).

27 — Belle arme d'hast suisse (XVe siècle).

28 — Couse, arme d'hast de gardes allemands (XVIe siècle).

29 — Pertuisane (XVIe siècle).

30 — Petite hallebarde française ou allemande (XVIe siècle).

31 — Très forte arbalète à cric avec son cranequin (XVIe siècle).

32 — Grand mousquet à mèche (XVIIe siècle).

33 — Bois ou fût d'arquebuse à croc ou rouet d'Allemagne (XVIIe siècle).

34 — Autre grosse arquebuse suisse à rouet.

35 — Long pistolet italien à rouet (XVIIe siècle).

36 — Pistolet italien (XVIIe siècle).

37 — Fourche ou forquine de mousquet (XVIIe siècle).

38 — Petite fourchette d'arquebuse (XVIIe siècle).

39 — Grande flasque (XVIe siècle).

40 — Pulvérin ou flasque en acier de couleur grise (XVIe siècle).

41 — Petit amorçoir ou pulvérin (XVIe siècle).

42 — Pulvérin allemand en corne de cerf (XVIe siècle).

43 — Flasque ou corne à poudre de mousquetaire flamand (XVIIe siècle).

44 — Longue carabine (XVIIIe siècle).

45 — Ceinturon de parement (XVIe siècle).

46 — Pendant ou pendants d'épée (XVIIe siècle).

47 — Ceinturon de cavalerie (XVIIIe siècle).

48 — Autre ceinturon de cavalerie (XVIIIe siècle).

49 — Ceinturon pour la cavalerie (1740 environ).

50 — Bandoulière d'infanterie (1745).

51 — Fragment de bandoulière d'infanterie.

52 — Bandoulière (XVIIe siècle).

53 — Petit éperon (XVIIe siècle).

54 — Lot de trois ceinturons et fragments de pendants d'épées (XVIe et XVIIe siècles).

55 — Lot de fourreaux d'épées (XVIe et XVIIe siècles).

56 — Lot de différentes armes et de pièces de fourniment militaire du XVIe au XIXe siècle.

PIÈCES ANCIENNES

AJUSTEMENT MILITAIRE

ET COSTUME CIVIL

(XVIe, XVIIe ET XVIIIe SIÈCLES)

57 — Grand collet ou mantel de mailles (XVIe siècle).

58 — Grand hausse-col ou gorgerin d'acier (XVIIe siècle).

59 — Autre très grand hausse-col du même temps.

60 — Buffle à grandes tassettes. « justaucorps en peau de buffle ».

61 — Buffle espagnol ou collet (de anté).

62 — Grand buffle à demi-manches.

63 — Grand buffle de couleur blanche.

64 — Justaucorps militaire en buffle.

CHAUSSURES, BOTTES MILITAIRES, HOUSEAUX

65 — Bottes longues de muguet italien (1650).

66 — Rarissime soulier allemand (xve siècle).

67 — Paire de houseaux ou fortes guêtres de cuir à éperons (xviiie siècle).

68 — Autre paire de houseaux à éperons.

69 — Paire de grosses bottes militaires à entonnoirs (1720 environ), cavalerie française.

70 — Paire de bottes allemandes à entonnoirs (xviie siècle).

71 — Paire de souliers allemands.

PARTIES DIVERSES
DE
COSTUMES, PIÈCES D'AJUSTEMENTS
OU DE TOILETTE
(XVIe, XVIIe ET XVIIIe SIÈCLES)

72 — Très belle coiffe, Hinderhauber de dames de Nuremberg (1670-1675).

73 — Autre coiffe de femme de Nuremberg (xviie siècle).

74 — Autre coiffe de femme suisse ou flamande.

75 — Paire de demi-manches, dites manches volantes ou ailerons.

76 — Corsage ou casaquin d'un vêtement de femme de Nuremberg (1680-1700).

77 — Autre casaquin baleiné de femme allemande (1720 environ).

78 — Corsage de femme ou corps à baleines.

79 — Cinq corsages de femme, tous garnis de baleines (XVIIIe siècle).

80 — Très jolie robe volante (1730-1748).

81 — Devant de gorge d'un corsage de femme de Nuremberg (XVIIIe siècle).

82 — Autre devant de gorge.

83 — Autre devant de gorge.

84 — Autre devant de gorge à longue pointe (XVIIe siècle).

85 — Devant de gorge et tour de gorge d'un corsage de femme (XVIIe siècle).

86 — Partie d'une coiffure de femme allemande (XVIIIe siècle).

87 — Morceau de vêtement de femme (XVIe siècle).

88 — Peigne de coiffure de femme allemande, à 43 dents (XVIIe siècle).

89 — Très beau morceau d'étoffe de soie.

90 — Plusieurs morceaux de très beau velours italien (XVe et XVIe siècles).

91 — Une paire de bas de soie, couleur rouge cramoisi (XVIIIe siècle).

92 — Une paire de bas de soie couleur bleu turquin (XVIIIe siècle).

93 — Autre paire de bas de soie (XVIIIe siècle).

94 — Quatre paires de mitaines ou gants coupés (XVIIe et XVIIIe siècles).

95 — Mitaines d'enfant bordées de soie rose.

96 — Gants de femme soie chinée.

97 — Une paire de souliers d'enfant (XVIIIe siècle).

98 — Une paire de manchettes en guipure (XVIIe siècle).

99 — Une paire de gants de femme, fil ouvré à jour en zigzag.

100 — Sept mètres de passements (XVIIIe siècle).

101 — Béguin d'enfant (XVIIIe siècle).

102 — Autre béguin d'enfant, soie et dentelle.

103 — Joli petit bonnet de toute jeune fille.

104 — Petit tablier de fillette.

105 — Petit sac doublé de soie rose.

107 — Petit bonnet d'enfant allemand.

108 — Petite collerette de femme suisse.

109 — Poupée allemande du XVIIIe siècle.

110 — Mantelin de parement.

111 — Très curieuse doublure d'un demi-manteau taillé en cercle (1590 environ).

112 — Petit camail sacerdotal italien.

113 — Très curieux chapeau d'homme.

114 — Étrange coiffure d'ecclésiastique ou de magistrat (Nuremberg, XVIIe siècle).

115 — Très rare et précieux manteau de citadin de Nuremberg (1670-1680).

116 — Autre manteau ou casaque en gros drap rouge (Nuremberg, 1680 environ).

117 — Grande collerette.

118 — Un petit chapeau (costume civil). — (1750-1760).

119 — Autre chapeau (costume civil).

120 — Une très curieuse perruque de bourgeois hollandais (1660-1679).

121 — Une paire de gants d'homme.

122 — Chasuble italienne (XVIIe siècle).

123 — Bonnet militaire (première république).

124 — Paire de gants (première république).

125 — Habit d'été complet de toile.

126 — Habit de ratine (1790).

127 — Habit de taffetas (1780-1785).

128 — Habit de drap.

129 — Habit et gilet de ratine (1730-1740).

130 — Habit en drap de laine (1730-1740).

131 — Habit en gros drap.

132 — Habit de ratine.

133 — Houppelande en très gros drap (1780).

134 — Frac de taffetas (1787).

135 — Frac en petit velours (1790).

136 — Habit en bougran (1780).

137 — Habit en taffetas.

138 — Habit d'étoffe rayée (1789).

139 — Habit de ratine (1789).

140 — Habit de velours (1760).

141 — Habit en pou-de-soie (1789).

SURCOTS, POURPOINTS ET CASAQUES

142 — Petit surcot militaire (XVIIe siècle).

143 — Manteau à manches (XVIIe siècle).

144 — Pourpoint de gros drap (XVIIe siècle).

145 — Pourpoint de drap (XVIIe siècle).

146 — Pourpoint de velours blanc.

147 — Pourpoint de velours velu bleu verdâtre (XVIe siècle).

148 — Pourpoint à demi recouvert de vieux velours gris de lin.

149 — Pourpoint de velours feuille-morte (XVIIe siècle).

150 — Pourpoint de velours gris cendré (XVIIe siècle).

151 — Pourpoint de velours colombin.

152 — Pourpoint à mahcutres sans manches (XVIIe siècle).

153 — Pourpoint de velours noir (XVIe siècle).

154 — Costume d'enfant. Chausses et pourpoint en velours vert (XVIIe siècle).

155 — Pourpoint et haut-de-chausses (XVIe siècle).

156 — Surcot militaire à jupon.

157 — Casaque d'un costume d'homme.

158 — Grand manteau.

159 — Petit manteau de drap écarlate.

160 — Cinq paires de manches de pourpoint (XVIIe siècle).

161 — Quatre paires de manches de pourpoint (XVIIe siècle).

162 — Six pourpoints en drap et un manteau court (XVIIe siècle).

LODIERS OU CHAUSSES

FORMES DES XVIe ET XVIIe SIÈCLES

163 — Chausses bouffantes.

164 — Autres, en gros drap rouge.

165 — Lodier bouffant, velours blanc.

166 — Chausses bouffantes, velours couleur tannée.

167 — Autres en velours noir.

168 — Autres en vieux velours noir de Gênes.

169 — Lodier en drap rouge.

170 — Autre en soie de couleur rousse.

171 — Chausses de velours vert pâle.

172 — Grand lodier bouffant en drap gris.

173 — Chausses de velours couleur feuille-morte.

174 — Autres chausses bouffantes.

175 — Lot de différentes pièces de vêtements d'homme (XVIIe et XVIIIe siècles).

PARTIES DE VÊTEMENTS

D'HOMMES ET DE FEMMES

176 — Deux chapeaux à la capitan.

177 — Huit chapeaux feutre gris.

178 — Lot de chapeaux.

179 — Plusieurs collerettes différemment tuyautées et une paire de manchettes (XVIIe siècle).

180 — Lot de bas de soie de couleurs variées.

181 — Autre lot de quatre paires de bas de soie d'homme.

182 — Deux paires de gants à hauts poignets.

183 — Trois maillots d'homme (laine).

184 — Deux maillots d'homme (laine).

185 — Lot de quatre perruques (1760 environ).

186 — Corsage de femme.

187 — Costume complet de fillette (XVIIe siècle).

188 — Corps à baleines à longues pointes d'estomac et à retroussis aux coudes.

189 — Deux petits corsages ou caracos.

190 — Trois grandes jupes.

191 — Jupon de femme suisse.

192 — Caraco et jupon en soie rose carminée.

193 — Une autre ancienne et très belle robe de femme (1760 environ).

194 — Une robe de femme et une jupe de satin noir.

195 — Cinq corsages de costume de femme et un devant de gilet.

196 — Un corsage de soie couleur mauve.

197 — Deux corsages de femme.

CHAUSSURES DE DIFFÉRENTS GENRES

198 — Deux paires de longues bottes (XVIIe et XVIIIe siècles).

199 — Lot de dix-sept paires de souliers (XVe au XVIIIe siècle).

200 — Lot de chaussures étrangères.

201 — Chaussures de femme.

202 — Paire de petits patins ou socques.

203 — Pièces de chaussures diverses.

PIÈCES ORIENTALES

VÊTEMENTS

204 — Très beau cafetan de femme.

205 — Autre cafetan de femme, plus petit.

206 — Petite veste orientale en velours bleu sombre.

207 — Robe orientale d'homme.

208 — Un cafetan de Perse, un burnous algérien et un très joli costume complet d'élégant chinois.

ÉTOFFES ET PASSEMENTS

209 — Lot d'anciennes étoffes.

210 — Quinze grands morceaux d'étoffes anciennes.

211 — Plusieurs grands morceaux de beau damas incarnadin (XVIIe siècle).

212 — Six mètres de damas noir ancien et un grand carré de moire noire.

213 — Quatre mètres de vieux velours de Gênes.

214 — Un grand morceau de velours orange carminé.

215 — Cinq mètres de velours.

216 — Cinq morceaux de velours de Gênes.

217 — Deux morceaux de velours orange rouge.

218 — Cinq grands morceaux d'étoffe de soie.

219 — Quatre mètres de velours chinois.

220 — Lot de morceaux d'une étoffe tramée d'or.

221 — Glands, franges et galons (XVIIe et XVIIIe siècles).

222 — Autre lot de beaux glands et de passementeries à l'italienne (XVIIe et XVIIIe siècles).

223 — Cinq très grands morceaux d'étoffe de Perse (1640-1720).

224 — Six morceaux de serge.

225 — Trois belles chemises de femme.

226 — Lot de trois gilets et de deux habits (XVIIIe et XIXe siècles).

227 — Lot de coiffes et bonnets de femmes.

228 — Huit bonnets d'homme.

229 — Lot de plusieurs culottes en peau blanche et d'autres pièces de costumes.

230 — Un lot de manchettes, bonnets, cols, fichus.

231 — Lot de différentes étoffes et parties de costumes.

232 — Froc de moine avec ses sandales.

233 — Lot de bas de soie de femme.

234 — Lot de chemises anciennes.

235 — Deux grands tapis de table.

INSTRUMENTS DE MUSIQUE

ANCIENS, RARES OU CURIEUX

236 — Violon français du XVIIIe siècle.

237 — Par-dessus de viole.

238 — Grande viole d'amour.

239 — Petite basse de viole.

240 — Basse de viole.

241 — Basse de viole française.

242 — Violoncelle français.

243 — Mandoline italienne.

244 — Mandoline napolitaine de 1788.

245 — Luth.

246 — Mandore.

247 — Cistre-théorbe.

248 — Instrument à corps de luth.

249 — Instrument à corps de luth.

250 — Archiluth italien.

251 — Théorbe allemand.

252 — Chittarrone.

253 — Tanbourah.

254 — Sann-hinn.

255 — Nanga.

256 — Flûte harmonique.

257 — Flûte de Pan.

258 — Hautbois.

259 — Cornemuse.

260 — Cor anglais.

261 — Clarinette allemande.

262 — Basson.

263 — Basson allemand.

264 — Cor des Alpes.

265 — Trompe de chasse allemande.

266 — Cor de chasse allemand.

267 — Trompette simple.

268 — Trompette droite.

269 — Trompette de cavalerie.

270 — Trombone allemand.

271 — Trombone allemand.

272 — Tête de buccin.

273 — Tambour du XVIIe siècle.

274 — Tambour français de 1793.

275 — Tambourin de Provence.

276 — Tambour de basque italien.

277 — Tambour de basque du Maroc.

278 — Cloche suisse.

279 — Étui à calotte.

280 — Étui de mandoline.

281 — Étui de basse de viole.

282 — Lot de trois étuis en bois.

283 — Étui à deux corps.

OBJETS D'ART

OBJETS D'ART EUROPÉENS

284 — Coffret en fer du XVIe siècle.

285 — Cantine allemande du XVIIe siècle.

286 — Autre cantine analogue et de même époque.

287 — Encrier en bronze.

288 — Grande canette allemande du XVIIe siècle.

289 — Bronze de Barye : Lion et serpent.

290 — Terre cuite : la Jeune Mère.

291 — Bois sculpté : Petit chapiteau corinthien.

292 — Sept pots à anse en étain.

293 — Bronze : Vase de style antique.

294 — Cire : Deux bustes. XVIIe siècle.

295 — Cire : Statuette de petite fille.

296 — Figurine équestre.

297 — Petit modèle d'un ancien chariot.

298 — Traineau du XVIIIe siècle.

299 — Gourde ancienne, de forme lenticulaire.

300 — Gourde et petit seau.

301 — Petit modèle de tonneau à bière.

302 — Verrerie de Bohême. Deux grands vidrecomes cylindriques.

303 — Verrerie de Venise et de Bohême. Environ quinze pièces : carafes, coupes, bouteilles, verres à pied.

OBJETS D'ART ORIENTAUX

304 — Deux grands vases cylindriques en bronze.

305 — Brûle-parfums.

306 — Fontaine.

307 — Cornet à panse renflée et à arêtes saillantes.

308 — Vase à ouverture large, en bronze.

309 — Vase cylindrique en bronze.

310 — Flambeau.

311 — Brûle-parfums.

312 — Vase en bronze du Japon.

313 — Vase en bronze japonais.

314 — Crabe en bronze du Japon.

315 — Langouste de grandeur naturelle.

316 — Laque : Deux panneaux étroits.

317 — Aquarelles japonaises.

318 — Narghilé en métal noir recouvert d'ornements et d'incrustations d'argent.

PORCELAINES DE CHINE ET DU JAPON

319 — Deux jolis plats ronds en ancienne porcelaine de Chine.

320 — Plat rond en ancienne porcelaine de Chine.

321 — Cinq plats ronds en ancienne porcelaine du Japon.

322 — Fort vase ovoïde en grès du Japon.

323 — Deux jardinières en poterie du Japon.

324 — Plat rond en ancienne porcelaine de Chine.

325 — Autre plat de même porcelaine.

FAIENCES

326 — Fabrique de Savone. — Grand vase ovoïde.

327 — Fabrique italienne. — Vase ovoïde.

328 — Fabrique italienne. — Deux petits cornets.

329 — Fabrique de Delft. — Deux petites potiches.

330 — Fabrique de Delft. — Deux plats ronds.

331 — Fabrique de Delft. — Petite potiche ovoïde.

332 — Grès de Flandre. — Cruche à panse ovoïde.

333 — Cruche en terre de Nuremberg.

334 — Fabrique de Rouen. — Plat rond.

ORFÈVRERIE

335 — Grande écuelle ou légumier Louis XV.

336 — Plat rond et creux. Époque Louis XV.

337 — Plat oblong. xviiie siècle.

338 — Porte-huilier Louis XVI.

339 — Deux salières ovales. Époque Louis XVI.

340 — Plat rond en argent.

341 — Grande cafetière Louis XVI.

CUIVRES ET BRONZES D'AMEUBLEMENT

342 — Grand lustre flamand.

343 — Lampe juive à huit becs.

344 — Bassin en cuivre repoussé. xve siècle.

345 — Plat ancien en cuivre repoussé.

346 — Jardinière ovale en cuivre repoussé.

347 — Jolie petite pendule Louis XVI.

348 — Deux flambeaux de style Louis XVI.

349 — Deux petits bras-appliques du temps de Louis XV.

350 — Deux autres bras-appliques du temps de Louis XVI.

351 — Deux flambeaux Louis XIII.

MEUBLES ANCIENS, MEUBLES D'ATELIER

352 — Jolie console du temps de Louis XVI.

353 — Petit bureau bonheur du jour du temps de Louis XV.

354 — Table à ouvrage du temps de Louis XVI.

355 — Jolie petite commode Louis XV.

356 — Table Louis XV.

357 — Buffet Louis XV à deux corps.

358 — Étagère porte-brocs en bois sculpté.

359 — Petit bahut en bois sculpté de la Renaissance.

360 — Table à quatre pieds tors et avec entrejambes.

361 — Pendule Louis XIV, forme dite religieuse.

362 — Deux fûts de colonnes cannelées.

363 — Cadre de glace de style Louis XV.

364 — Glace avec cadre en bois sculpté.

365 — Autre glace avec cadre en bois sculpté et doré.

366 — Petite console en bois sculpté et doré de style Louis XV.

367 — Deux petites consoles de suspension.

368 — Meuble à deux corps et à quatre vantaux du XVIe siècle.

369 — Table carrée de style gothique.

370 — Table Henri II à rallonges.

371 — Glace psyché en acajou.

372 — Grand meuble-étagère.

373 — Banquette longue.

374 — Table console Renaissance.

375 — Plusieurs chevalets de peintre, porte-modèle, porte-cartons, selles, etc.

376 — Mannequin de femme.

377 — Grand fauteuil de style Henri II.

378 — Fauteuil Louis XIII.

379 — Grande chaise portugaise.

380 — Grand fauteuil Renaissance.

381 — Deux escabeaux Louis XIII.

382 — Un escabeau de même style.

383 — Fauteuil Louis XIII.

384 — Meuble de salon du temps de Louis XV.

385 — Grand canapé de style Louis XV.

386 — Bergère Louis XV.

387 — Plusieurs tabourets, variés de forme.

TAPIS

388 — Beau tapis d'Orient.

389 — Autre tapis d'Orient.

390 — Grand et beau tapis d'Orient.

391 — Petite carpette orientale.

392 — Portière en drap rouge (XVIIe siècle).

393 — Quatre rideaux de croisées.

394 — Grand tapis (XVIIe siècle).

TAPISSERIES

395 — Fragment de tapisserie gothique.

396 — Tapisserie Renaissance.

397 — Fragment de tapisserie Renaissance.

398 — Fragment de tapisserie gothique.

399 — Tapisserie verdure.

400 — Jolie tapisserie du temps de Louis XIV.

LIVRES ET GRAVURES

401 — ALBUMS JAPONAIS. 11 vol. in-8°, br.

402 — ANACRÉON en belle humeur, ou la Soirée de Paphos. Chansonnier françois. *Paris, Desnos,* in-18.

403 — AQUARELLISTES FRANÇAIS (Société d'). *Paris, Launette,* 7 fasc. in-fol.

404 — AQUARELLISTES FRANÇAIS (Société d'). *Paris, Jouaust,* 1re année, 1879 à 1884.

405 — BALZAC. Les Contes drôlatiques colligez ez abbayes de Touraine. *Paris, Garnier,* in-8°.

406 — BEAUMONT (Éd. de). L'Épée et les Femmes. *Paris, Jouaust,* 1881, pet. in-4°.

407 — BEAUMONT (E. de). Un Drame dans une carafe. *Paris, Jouaust,* 1882, in-8°.

408 — BLAEU. Le Théâtre du Monde, ou Nouvel Atlas. *Amsterdam,* 1644, in-fol. parch.

409 — BRANTOME. Œuvres complètes. *Paris,* 1853, 2 vol. gr. in-8°.

410 — BRUNES (J. de). Emblemata. *Amsterdam,* 1623, pet. in-4°, parch.

411 — CATS (J.) Prouf-Steen van den Trou-Ringh. 1636, pet. in-4°, parch.

412 — CHEVIGNÉ (Comte de). Les Contes rémois. *Paris, Lévy,* 1858, in-12.

413 — CHEVIGNÉ (Comte de). Les Contes rémois. *Paris, Lévy*, 1861, in-8°.

414 — COMINES (Phil. de). Mémoires. *Bruxelles*, 1706, 3 vol. in-8°.

415 — COSTUMES de Nuremberg au XVIIe siècle. 1 vol. pet. in-4° obl.

416 — COSTUMES. Curioser Spiegel in welchem der allgemeine Lauf des gantzen menschlichen Lebens, von der zærtesten Kindheit an bis in das gestandene Alter. *Nürnberg, Endtersseel Erben* (vers 1700), pet. in-fol. cart.

417 — COSTUMES. Reproduction de gravures sur bois d'après Dürer, Burgmaier, Schaufelein, Cranach. En 1 portef. in-fol.

418 — DESSINS CHINOIS. Suite complète de dix-huit jolis dessins.

419 — DURER (Albert). La Passion, 16 planches en 1 portef. in-fol.

420 — FRANCO (Sebastiano). Weltbuch-Spiegel und Bildnisz des gantzen Erdtbodens, 1534. — Naturbuch von Nutz-Eigenschafft Wunderwirckung... *Franckenfurt am Mayn*, 1534. En 1 vol. in-fol.

421 — FRONSPERGER. Kriegsbuch. *Franckenfurt am Mayn*, 1573, in-fol.

422 — GAUTIER (Th.) Mademoiselle de Maupin. Double Amour. *Paris, Conquet*, 1883, 2 vol. gr. in-8°.

423 — GAUTIER (Th.) Mademoiselle de Maupin. Huit épreuves des 1er, 2e, 3e et 5e états des portraits par L. Leloir.

424 — GAY (V.) Glossaire archéologique du Moyen-Age et de la Renaissance. *Paris*, 1882, 2 livr. in-4°.

425 — GRAVELOT. Planches gravées d'après plusieurs positions dans lesquelles doivent se trouver les soldats. *Paris*, 1766.

426 — GRAVURES anciennes. Costumes civils et militaires, Vues de Paris, caricatures.

427 — HERBINIUS. Dissertationes de admirandis mundi cataractis. *Amstelod.*, 1678, pet. in-4°, v. *Pl.*

428 — HORATII Opera, cum commentario ad modum Joannis Bond. *Parisiis, Didot*, 1855, in-18.

429 — HORATII Flacci Emblemata, imaginibus in æs incisis notisque illustrata studio Othonis Vænii. *Antverpiæ*, 1607, in-4°, parch.

430 — HUGO (Le Livre d'or de Victor), par l'élite des artistes et des écrivains contemporains. *Paris, Launette*, 1883, in-4°, br.

431 — HURTADO DE MENDOZA. Lazarille de Tormès. *Paris*, 1846, gr. in-8°, cart.

432 — JOST AMMAN'S Wappen-und Stammbuch, 1589, *München*, 1881, in-8°, parch.

433 — LACROIX (Paul). Les Arts au Moyen-Age et à l'époque de la Renaissance. *Paris, Didot*, 1869, gr. in-8°.

434 — LACROIX (Paul). XVIIIe siècle, institutions, usages et costumes. *Paris, Didot*, 1875, gr. in-8°.

435 — LA FONTAINE. Fables, avec introduction par Saint-René-Taillandier. *Paris, Jouaust*, 1873, 2 vol. gr. in-8°.

436 — LA FONTAINE. Contes. *Paris, Conquet*, 1881, 4 livr. in-4°.

437 — LELOIR (Louis). Suite de 32 gravures pour le théâtre de Molière, édition Jouaust, in-4°.

438 — LITTRÉ ET ROBIN. Dictionnaire de médecine. *Paris, Baillière*, 1873, gr. in-8°.

439 — LONGUS. Les Amours pastorales de Daphnis et de Chloé. *Paris, P. Didot l'aîné*, 1800, pet. in-18.

440 — MANESSON-MALLET. Les Travaux de Mars, ou l'Art de la guerre. *Paris*, 1691, 3 vol. in-8°, v.

441 — MEISSONIER. Le Fumeur. 1843. Eau-forte sur Chine.

442 — MENZEL (Ad.) Illustrations des œuvres de Frédéric le Grand. *Berlin, Wagner*, 1882, 4 vol. in-4°.

443 — MENZEL. Geschichte Friedrich's des Grossen. *Leipzig*, 1876, gr. in-8°.

444 — MONUMENT DU COSTUME. Trente-six estampes dessinées par Moreau le Jeune et Freudeberg en 1776-1783. *Paris, Conquet*, 1881, in-4°.

445 — QUATRELLES. A coups de fusil, par A. de Neuville. *Paris, Charpentier*, 1877, in-4°.

446 — SAINT-PIERRE (Bern. de). La Chaumière indienne. *Paris, Curmer*, 1835, in-8°.

447 — SAINT-VICTOR (Paul de). Hommes et Dieux. *Paris, Lévy*, 1867, in-8°.

448 — SCARRON. Le Roman comique. *Paris*, 1697, 2 vol. in-12.

449 — SCARRON. Le Roman comique. *Paris, Jouaust*, 1880, 3 vol. in-8°.

450 — SOREL. La Vraie Histoire comique de Francion. *Paris*, 1858, in-12.

451 — STENDHAL (Henri Beyle). La Chartreuse de Parme. *Paris, Conquet*, 1883, 2 vol. gr. in-8°.

452 — TASSI. Vita di Benvenuto Cellini. *Firenze*, 1829, 3 vol. in-8°.

453 — TREITZSAURWEIN. Der weiss Kunig : eine Erzahlung von den Thaten Kaiser Maximilian. *Vienne, Kurzboek*, 1775, 2 vol. in-fol.

454 — VIOLLET-LE-DUC. Dictionnaire raisonné de l'architecture française du XIe au XVIe siècle. *Paris, Morel*, 1867, 10 vol. in-8°.

455 — VIOLLET-LE-DUC. Dictionnaire raisonné du mobilier français de l'époque carlovingienne à la Renaissance. *Paris, Bance*, 1858, 6 vol. in-8°.

456 — VIRGILE. Les Bucoliques, *Paris, Quantin*, 1881, in-18.

Paris. — Imp. de l'Art, J. Rouam, 41, rue de la Victoire.

www.ingramcontent.com/pod-product-compliance
Ingram Content Group UK Ltd.
Pitfield, Milton Keynes, MK11 3LW, UK
UKHW032027260826
14628UKWH00006B/2791

9 782329 530697